DREAM
PLANNER
꿈꾸는다락방

오늘, 꿈을 꾸세요!

내일, 꿈이 이루어집니다!

	1 January	2 February	3 March	4 April	5 May	6 June
1						
2						
3						
4						
5						
6						
7						
8						
9						
10						
11						
12						
13						
14						
15						
16						
17						
18						
19						
20						
21						
22						
23						
24						
25						
26						
27						
28						
29						
30						
31						

7	8	9	10	11	12	
July	August	September	October	November	December	
						1
						2
						3
						4
						5
						6
						7
						8
						9
						10
						11
						12
						13
						14
						15
						16
						17
						18
						19
						20
						21
						22
						23
						24
						25
						26
						27
						28
						29
						30
						31

오랫동안 꿈을 그리는 사람은
마침내 그 꿈을 닮아간다.
_앙드레 말로

MONTHLY PLAN

1 2 3 4 5 6 7 8 9 10 11 12

Sunday	Monday	Tuesday	Wednesday

<table>
<tr><td>Thursday</td><td>Friday</td><td>Saturday</td><td>DREAM MEMO</td></tr>
</table>

언제까지고 계속되는 불행은 없다. 가만히 견디고 참든지
용기를 내쫓아 버리든지 둘 중 한 가지를 택해야 한다. _로맹 롤랑

____ **Mon**

____ **Tue**

____ **Wed**

____ **Thu**

____ **Fri**

____ **Sat**

____ **Sun**

check

check

WEEKLY PLAN

____ Mon

____ Tue

____ Wed

____ Thu

____ Fri

____ Sat

____ Sun

check

____ Mon

____ Tue

____ Wed

____ Thu

____ Fri

____ Sat

____ Sun

check

___ Mon

___ Tue

___ Wed

___ Thu

___ Fri

___ Sat

___ Sun

check

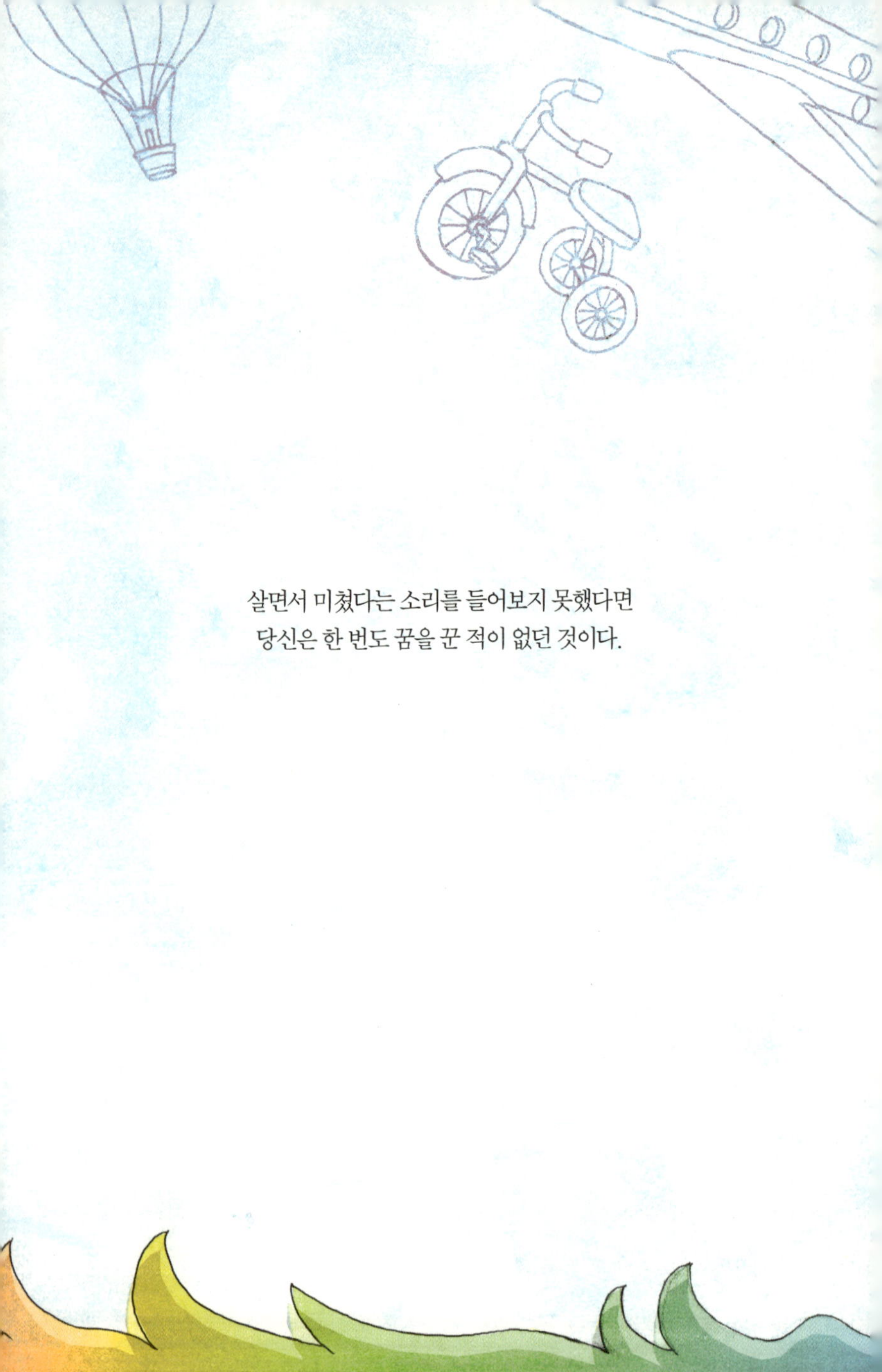

살면서 미쳤다는 소리를 들어보지 못했다면
당신은 한 번도 꿈을 꾼 적이 없던 것이다.

1 2 3 4 5 6 7 8 9 10 11 12

Sunday	Monday	Tuesday	Wednesday

| Thursday | Friday | Saturday | DREAM MEMO |

정말 가엾은 사람은 한 번도 꿈을 꾸지 않은 자이다. _에센바흐

그대의 꿈이 한 번도 실현되지 않았다고 해서 가엾게 생각해서는 안 된다.
정말 가엾은 사람은 한 번도 꿈을 꾸지 않은 자이다. _에센바흐

WEEKLY PLAN

___ Mon

___ Tue

___ Wed

___ Thu

___ Fri

___ Sat

___ Sun

check

____ Mon

____ Tue

____ Wed

____ Thu

____ Fri

____ Sat

____ Sun

___ Mon

___ Tue

___ Wed

___ Thu

___ Fri

___ Sat

___ Sun

check

R
D
V

꿈을 늘 간직하고 있으면
실현할 때가 반드시 온다.
_괴테

1 2 3 4 5 6 7 8 9 10 11 12

Sunday	Monday	Tuesday	Wednesday

Thursday	Friday	Saturday	DREAM MEMO

꿈을 잃어버리면 마음도 잃어버릴 수 있다. _믹 재거

____ Mon

____ Tue

____ Wed

____ Thu

____ Fri

____ Sat

____ Sun

check

R=VD

☐
☐
☐
☐

R=VD

___ Mon

___ Tue

___ Wed

___ Thu

___ Fri

___ Sat

___ Sun

R=VD

____ Mon

____ Tue

____ Wed

____ Thu

____ Fri

____ Sat

____ Sun

R=VD

WEEKLY PLAN

____ Mon

____ Tue

____ Wed

____ Thu

____ Fri

____ Sat

____ Sun

check

R=VD

DREAM
R=VD
2011

돈이 있어도 꿈이 없는 사람은
몰락의 길을 걷는다.
_도스토예프스키

1 2 3 4 5 6 7 8 9 10 11 12

Sunday	Monday	Tuesday	Wednesday

Sunday	Monday	Tuesday	Wednesday

Thursday	Friday	Saturday	DREAM MEMO

이것은 당신 미래의 사진첩과도 같다. _보 벤넷
꿈의 콜라쥬는 당신 꿈의 그림이다.

check

check

WEEKLY PLAN

___ Mon

___ Tue

___ Wed

___ Thu

___ Fri

___ Sat

___ Sun

check

___ Mon

___ Tue

___ Wed

___ Thu

___ Fri

___ Sat

___ Sun

check

위대한 일을 하려면
행동하는 것뿐만 아니라,
꿈꾸는 것도 반드시 필요하다.
_아나톨 프랑스

MONTHLY PLAN

1 2 3 4 5 6 7 8 9 10 11 12

Sunday | Monday | Tuesday | Wednesday

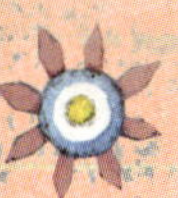

Thursday	Friday	Saturday	DREAM MEMO

지금 당신이 성공한 인생을 살지 못하는 까닭은 성공을 믿지 않았기 때문이다.
하루에 30분씩 마음속으로 이미 성공한 자신의 모습을 생생하게 그려라. 그러면 진짜로 성공한다. _맥스웰 몰츠

____ Mon

____ Tue

____ Wed

____ Thu

____ Fri

____ Sat

____ Sun

check

____ Mon

____ Tue

____ Wed

____ Thu

____ Fri

____ Sat

____ Sun

check

____ Mon

____ Tue

____ Wed

____ Thu

____ Fri

____ Sat

____ Sun

check

____ Mon

____ Tue

____ Wed

____ Thu

____ Fri

____ Sat

____ Sun

check

희망을 품지 않는 자는 절망도 할 수 없다.
_조지 버나드 쇼

1 2 3 4 5 6 7 8 9 10 11 12

Sunday	Monday	Tuesday	Wednesday

| Sunday | Monday | Tuesday | Wednesday |

전쟁, 그것은 싸우는 것이 아니라 생생하게 승리를 꿈꾸며 상상하는 것이다. _ 나폴레옹

WEEKLY PLAN

____ Mon

____ Tue

____ Wed

____ Thu

____ Fri

____ Sat

____ Sun

check

WEEKLY PLAN

___ Mon

___ Tue

___ Wed

___ Thu

___ Fri

___ Sat

___ Sun

check

____ Mon

____ Tue

____ Wed

____ Thu

____ Fri

____ Sat

____ Sun

check

WEEKLY PLAN

___ Mon

___ Tue

___ Wed

___ Thu

___ Fri

___ Sat

___ Sun

check

WEEKLY PLAN

____ Mon

____ Tue

____ Wed

____ Thu

____ Fri

____ Sat

____ Sun

check

당신이 미래에 대해서 생각하지 않는다면,
미래를 가질 수 없다.
_헨리 포드

1 2 3 4 5 6 7 8 9 10 11 12

Sunday	Monday	Tuesday	Wednesday

Sunday	Monday	Tuesday	Wednesday

Thursday	Friday	Saturday	DREAM MEMO

성공하는 데에서 가장 중요한 것은 꿈꾸는 능력이다.

호텔왕인 나와 평범한 호텔 직원과의 차이는 오직 하나, 성공을 상상하는 능력이다.
성공하는 데에서 가장 중요한 것은 꿈꾸는 능력이다. _콘래드 힐튼

WEEKLY PLAN

____ Mon

____ Tue

____ Wed

____ Thu

____ Fri

____ Sat

____ Sun

check

____ Mon

____ Tue

____ Wed

____ Thu

____ Fri

____ Sat

____ Sun

check

☐
☐
☐
☐

check

___ Mon

___ Tue

___ Wed

___ Thu

___ Fri

___ Sat

___ Sun

check

WEEKLY PLAN

____ Mon

____ Tue

____ Wed

____ Thu

____ Fri

____ Sat

____ Sun

check

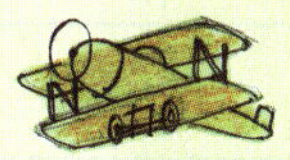

꿈은 이루어진다.
이루어질 가능성이 없었다면 애초에 자연이 우리를
꿈꾸게 하지도 않았을 것이다.
_존 업다이크

1 2 3 4 5 6 7 8 9 10 11 12

Sunday	Monday	Tuesday	Wednesday

Sunday	Monday	Tuesday	Wednesday

Thursday	Friday	Saturday	DREAM MEMO

행복을 즐겨야 할 시간은 지금이다. 행복을 즐겨야 할 장소는 여기다. _로버트 잉거솔

WEEKLY PLAN

____ Mon

____ Tue

____ Wed

____ Thu

____ Fri

____ Sat

____ Sun

WEEKLY PLAN

____ Mon

____ Tue

____ Wed

____ Thu

____ Fri

____ Sat

____ Sun

WEEKLY PLAN

____ **Mon**

____ **Tue**

____ **Wed**

____ **Thu**

____ **Fri**

____ **Sat**

____ **Sun**

____ Mon

____ Tue

____ Wed

____ Thu

____ Fri

____ Sat

____ Sun

check

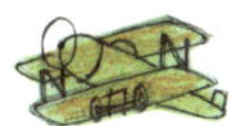

R=VD

우리에게 꿈을 추구할 용기가 있다면
우리는 모든 꿈을 이룰 수 있다.
_월트 디즈니

1 2 3 4 5 6 7 8 9 10 11 12

Sunday	Monday	Tuesday	Wednesday

Sunday	Monday	Tuesday	Wednesday

Thursday	Friday	Saturday	DREAM MEMO

희망이란 눈뜨고 있는 꿈이다. _아리스토텔레스

check

_____ Mon

_____ Tue

_____ Wed

_____ Thu

_____ Fri

_____ Sat

_____ Sun

check

☐

☐

☐

☐

check

WEEKLY PLAN

____ Mon

____ Tue

____ Wed

____ Thu

____ Fri

____ Sat

____ Sun

check

WEEKLY PLAN

___ Mon

___ Tue

___ Wed

___ Thu

___ Fri

___ Sat

___ Sun

check

왜 눈은 깨어 있을 때 상상하는 것보다
꿈에서 더 확실하게 보는 걸까?
_레오나르도 다빈치

Sunday	Monday	Tuesday	Wednesday

Thursday	Friday	Saturday	DREAM MEMO

나는 10대 시절부터 세계의 모든 가정에 컴퓨터가 한 대씩 설치되는 것을 상상했고,
또 반드시 그렇게 만들고야 말겠다고 외쳤다. 그게 내 성공의 시작이다. _빌 게이츠

_____ **Mon**

_____ **Tue**

_____ **Wed**

_____ **Thu**

_____ **Fri**

_____ **Sat**

_____ **Sun**

check

check

check

WEEKLY PLAN

____ Mon

____ Tue

____ Wed

____ Thu

____ Fri

____ Sat

____ Sun

☐

☐

☐

☐

___ Mon

___ Tue

___ Wed

___ Thu

___ Fri

___ Sat

___ Sun

☐
☐
☐
☐

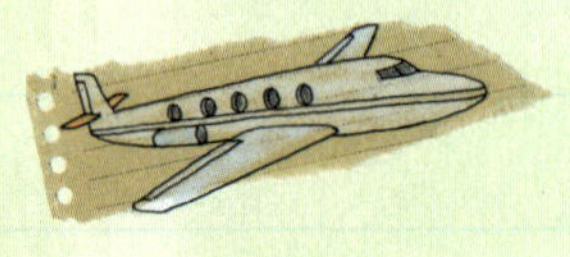

대부분의 사람은 자기가 생각지도 않던
굉장한 용기를 지니고 있다.
_데일 카네기

TAXI

1 2 3 4 5 6 7 8 9 10 11 12

Sunday	Monday	Tuesday	Wednesday

Sunday	Monday	Tuesday	Wednesday

Thursday	Friday	Saturday	DREAM MEMO

앞을 못 보는 사람보다 불행한 사람은 꿈이 없는 사람이다. _헬렌 켈러

____ Mon

____ Tue

____ Wed

____ Thu

____ Fri

____ Sat

____ Sun

check

WEEKLY PLAN

_____ Mon

_____ Tue

_____ Wed

_____ Thu

_____ Fri

_____ Sat

_____ Sun

check

WEEKLY PLAN

____ Mon

____ Tue

____ Wed

____ Thu

____ Fri

____ Sat

____ Sun

check

WEEKLY PLAN

____ Mon

____ Tue

____ Wed

____ Thu

____ Fri

____ Sat

____ Sun

check

꿈이란 당신이 잠에서 깨어나며 잊어버리는 그 무엇이 아니라, 당신을 잠에서 깨우는 그 무엇이다.
_찰리 헤지스
기회를 놓치지 말라! 인생은 모두가 기회인 것이다. 제일 앞서 가는 자는 결단을 내려 과감히 실행하는 사람이다. '안전제일'을 지키고 있으면 먼 곳까지 보트를 저어 나갈 수가 없다.
_데일 카네기

Thursday	Friday	Saturday	DREAM MEMO

꿈이 없으면 노력도 없다. _새뮤얼 존슨

____ Mon

____ Tue

____ Wed

____ Thu

____ Fri

____ Sat

____ Sun

check

check

WEEKLY PLAN

___ Mon

___ Tue

___ Wed

___ Thu

___ Fri

___ Sat

___ Sun

check

____ Mon

____ Tue

____ Wed

____ Thu

____ Fri

____ Sat

____ Sun

check

____ Mon

____ Tue

____ Wed

____ Thu

____ Fri

____ Sat

____ Sun

check

My Dream Planner
Portfolio

DREAM PLANNER를 열기 전에 잠깐!

★ 믿으세요! 생생하게 꿈꾸면 이루어집니다!

★ 잊지 마세요. 꿈을 현실로 만들어주는 공식, R=VD입니다.

★ 날마다 꿈을 꾸며 기록하세요. 작심삼일이 되더라도 상관없습니다.

★ 꿈은 사라지지 않으니까요. 작심삼일? 다시 시작하면 됩니다.

꿈을 이루어주는 공식, R=VD

생생하게Vivid **꿈꾸면**Dream **이루어진다**Realization**!**

꿈을 생생하게 바라보세요. 만일 마음의 눈으로 이미 성공한 회사, 이미 성사된 거래, 이미 달성된 이윤 등을 볼 수 있다면, 실제로 그런 일이 일어날 가능성이 높아집니다. 이미 성공한 모습을 마음속으로 생생하게 그리는 습관은 목표를 달성하는 가장 강력한 수단입니다.

명심하세요! 미래의 성공을 시각화하면 그 이미지는 반드시 현실이 됩니다. 이 놀라운 원리는 위대한 성공을 거둔 사람 모두가 알고 있는 것입니다. 그들은 지금 이 순간도 이 원리를 자신의 삶 속에 끌어들여 실천하고 있습니다. 그 마법의 공식이 바로 R=VD입니다.

R=VD로 꿈을 이룬 롤 모델

SG워너비는 〈인간극장〉에 출연해서 데뷔 전 88킬로그램까지 나갔던 몸무게를 줄인 비결과 가수로서 성공한 비결을 밝혔습니다.

"살이 이렇게 빠진 것은 마음속으로 이미지 트레이닝을 간절히 한 결과입니다. 또 나는 최고가 되어 있는 나 자신의 모습을 항상 머릿속으로 상상하고 이미지화합니다. 그러면 어느새 그렇게 되어 있는 나 자신과 만나게 될 때가 있습니다."

SG워너비는 R=VD를 꾸준히 실천했고 마침내 꿈을 이루었습니다.

돌아보세요. 지금까지 가졌던 꿈의 합이 바로 나의 지금 모습입니다. 내일의 성공은 꿈꾸는 자의 몫입니다.

TAXI

꿈꾸기에 앞서 나 자신을 바라보세요!

지금 나를 한번 분석해볼까요?

나의 성격

나의 강점

나의 약점

나의 인생 모토

나의 이상형

나의 대인관계

나의 매력

나의 콤플렉스

나에게 소중한 것들

좋아하는 것들

싫어하는 것들

1st 꿈을 현실로 끌어오는 방법

사진 VD 기법

사진 VD 기법은 R=VD 공식의 Vivid생생하게를
만족시키기 위한 것입니다.
그 구체적인 방법은 다음과 같습니다.

1. 소망하는 것의 사진을 구하세요. 소망하는 사람의 사진도 좋습니다.

   사진을 꼭 찍을 필요는 없습니다. 잡지에서 오린 사진도 괜찮습니다.

2. 사진을 항상 갖고 다닙니다.

3. 사진을 보면서 이미 얻었다고 느끼세요.

   시각뿐만 아니라 다른 오감까지 동원해서 느끼는 게 좋습니다.

   그 느낌을 말로 표현하면 더욱 좋습니다.

4. 이를 매일 반복하면 예정보다 빨리 소망하는 것을 얻을 수 있습니다.

R=VD로 꿈을 이룬 롤 모델

외교관을 꿈꾸어 왔던 김보람 씨는 자신의 꿈에 대한 간절한 마음을 담아 VD를 했습니다. 그녀는 외무고등고시를 준비하면서 외무고시에 합격한 내용을 담은 '가상의 신문기사'를 만들어 집 안 곳곳에 붙였습니다.

또한 콘돌리자 라이스 전 미국 국무장관 사진에 자신의 얼굴을 합성해놓고 유엔 회의에 참석한 모습을 그려보기도 했고, 반기문 UN 사무총장·뉴욕의 유엔 본부·하늘을 나는 비행기 사진 등을 붙어서 자신만의 비전 보드도 만들었습니다. 2009년 6월 22일 18시, 마침내 그녀의 꿈은 현실이 되었습니다. 김보람 씨는 외무고등고시에 최종 합격했습니다.

명심, 또 명심! 사진으로 VD를 하면 나의 꿈을 몇 배 더 빨리 실현할 수 있습니다.

꿈은☆이루어진다!

사진

년　월　일　AM｜PM　시　분

나의 소망

내 꿈은 반드시 이루어질 것이다!

사진

년 월 일 AM | PM 시 분

나의 소망

내 꿈은 반드시 이루어질 것이다!

사진

년 월 일 AM | PM 시 분

나의 소망

내 꿈은 반드시 이루어질 것이다!

나는 사진으로 생생하게 상상한다

꿈은☆이루어진다!

사진

년　월　일　AM | PM　시　분

나의 소망

내 꿈은 반드시 이루어질 것이다!

사진

년 월 일 AM | PM 시 분

나의 소망 ----------------------------------

-------------------------------- 내 꿈은 반드시 이루어질 것이다!

사진

년　월　일　AM | PM　시　분

나의 소망

내 꿈은 반드시 이루어질 것이다!

사진

년 월 일 AM | PM 시 분

나의 소망 ____

____

____

____

____

____

________________________ 내 꿈은 반드시 이루어질 것이다!

꿈은☆이루어진다!

사진

년　월　일　AM | PM　시　분

나의 소망 ____

____

____

____

____

____

________________________ 내 꿈은 반드시 이루어질 것이다!

꿈은☆이루어진다!

사진

년 월 일 AM | PM 시 분

나의 소망 ---

--- 내 꿈은 반드시 이루어질 것이다!

사진

년 월 일 AM | PM 시 분

나의 소망 ____________________________

____

____

____

____

____________________________ 내 꿈은 반드시 이루어질 것이다!

내 인생의 멘토를 찾아서

죽기 전에 꼭 만나고 싶은 멘토 BEST 10

성명 :

활동 분야 :

선정 이유 :

미팅 계획 :

반드시 배워야 할 점 :

성명 :

활동 분야 :

선정 이유 :

미팅 계획 :

반드시 배워야 할 점 :

성명 :

활동 분야 :

선정 이유 :

미팅 계획 :

반드시 배워야 할 점 :

성명 :

활동 분야 :

선정 이유 :

미팅 계획 :

반드시 배워야 할 점 :

성명 :

활동 분야 :

선정 이유 :

미팅 계획 :

반드시 배워야 할 점 :

성명 :

활동 분야 :

선정 이유 :

미팅 계획 :

반드시 배워야 할 점 :

성명 :

활동 분야 :

선정 이유 :

미팅 계획 :

반드시 배워야 할 점 :

성명 :

활동 분야 :

선정 이유 :

미팅 계획 :

반드시 배워야 할 점 :

성명 :

활동 분야 :

선정 이유 :

미팅 계획 :

반드시 배워야 할 점 :

성명 :

활동 분야 :

선정 이유 :

미팅 계획 :

반드시 배워야 할 점 :

EXIT

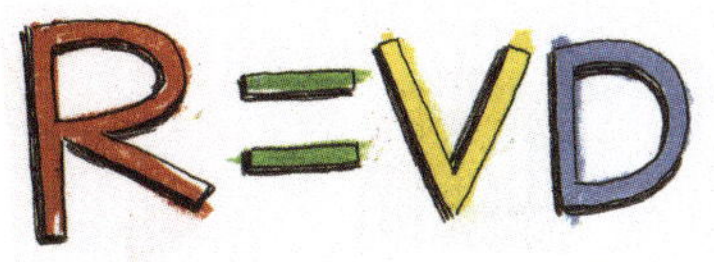

2nd 꿈을 현실로 끌어오는 방법

장소 VD 기법

장소 VD 기법은 어떤 장소에 직접 가서
생생하게 꿈꾸는 것을 말합니다.
그 구체적인 방법은 다음과 같습니다.

1. 꿈과 관련된 장소를 직접 찾아갑니다.

2. 그 장소에 머물면서, 꿈이 이루어진

   모습을 강렬하게 상상하세요.

3. 그곳을 지속적으로 찾아가 VD하세요.

4. 이제 곧 꿈이 현실로 다가올 것입니다.

R=VD로 꿈을 이룬 롤 모델

장소 VD 기법을 실천했던 아놀드 슈워제네거는 이렇게 말했습니다.

"소년 시절부터 저는 생생하게 꿈꾸는 모든 것을 얻을 수 있다고 진심으로 믿었습니다. 그 사실을 의심해본 적이 단 한 번도 없습니다. 이런 마음 자세는 기적을 불러들입니다. 저는 처음 참가한 미스터 유니버스 대회에서, 이미 우승자가 된 나의 모습을 생생하게 그리면서 대회장 안을 부지런히 돌아다녔습니다. 영화배우로 진로를 바꾸었을 때도 똑같은 방법을 사용했습니다. 그 결과 제가 꿈꾸었던 모든 것을 현실에서 얻을 수 있었습니다.

믿으세요. 아무리 불가능하게 보이는 목표라도, 생생하게 꿈꾸면 그 목표를 달성하게 해주는 초인적인 내면의 힘이 저절로 생겨납니다.

나는 꿈의 장소에서 생생하게 상상한다

년   월   일   AM | PM   시   분

꿈의 장소 :

방문 목표 기한 :   년   월   일까지

(꿈의 장소   ), 그곳을 방문해서 나는 꿈을 꿀 것이다.

나는 (꿈의 장소   )에서 나의 꿈, _______________________________ 을(를) 생생하게

키울 것이다.

년   월   일   AM | PM   시   분   (꿈의 장소   ) 방문 달성 / 미달성

나는 이곳에서 _______________________________ 을(를) 상상한다, 강렬하게!

(꿈의 장소   ), 이곳에서 나는 나의 꿈 ___________________ 을(를) 이루었다!

나는 최고다!

나는 꿈의 장소에서 생생하게 상상한다

년   월   일   AM | PM   시   분

꿈의 장소 :

방문 목표 기한 :   년   월   일까지

(꿈의 장소   ), 그곳을 방문해서 나는 꿈을 꿀 것이다.

나는 (꿈의 장소   )에서 나의 꿈, ______________________________ 을(를) 생생하게

키울 것이다.

년   월   일   AM | PM   시   분   (꿈의 장소   ) 방문 달성 / 미달성

나는 이곳에서 ______________________________ 을(를) 상상한다, 강렬하게!

(꿈의 장소   ), 이곳에서 나는 나의 꿈 ____________________ 을(를) 이루었다!

나는 최고다!

나는 꿈의 장소에서 생생하게 상상한다

년　월　일　AM | PM　시　분

꿈의 장소 :

방문 목표 기한 :　　　년　　월　　일까지

(　꿈의 장소　), 그곳을 방문해서 나는 꿈을 꿀 것이다.

나는 (　꿈의 장소　)에서 나의 꿈, ＿＿＿＿＿＿＿＿＿＿＿＿＿＿＿＿＿＿＿＿을(를) 생생하게

키울 것이다.

년　월　일　AM | PM　시　분　(　꿈의 장소　) 방문 달성 / 미달성

나는 이곳에서 ＿＿＿＿＿＿＿＿＿＿＿＿＿＿＿＿＿＿＿＿ 을(를) 상상한다, 강렬하게!

(　꿈의 장소　), 이곳에서 나는 나의 꿈 ＿＿＿＿＿＿＿＿＿＿＿＿＿＿＿ 을(를) 이루었다!

나는 최고다!

나는 꿈의 장소에서 생생하게 상상한다

　　　년　　월　　일　　AM | PM　　시　　분

꿈의 장소 :

방문 목표 기한 :　　　　년　　월　　일까지

(　꿈의 장소　), 그곳을 방문해서 나는 꿈을 꿀 것이다.

나는 (　꿈의 장소　)에서 나의 꿈, ＿＿＿＿＿＿＿＿＿＿＿＿＿＿＿＿을(를) 생생하게

키울 것이다.

　　　년　　월　　일　　AM | PM　　시　　분　 (　꿈의 장소　) 방문 달성 / 미달성

나는 이곳에서 ＿＿＿＿＿＿＿＿＿＿＿＿＿＿＿＿＿ 을(를) 상상한다, 강렬하게!

(　꿈의 장소　), 이곳에서 나는 나의 꿈 ＿＿＿＿＿＿＿＿＿＿＿ 을(를) 이루었다!

나는 최고다!

나는 꿈의 장소에서 생생하게 상상한다

년　월　일　AM | PM　시　분

꿈의 장소 :

방문 목표 기한 :　　　년　월　일까지

(　꿈의 장소　), 그곳을 방문해서 나는 꿈을 꿀 것이다.

나는 (　꿈의 장소　)에서 나의 꿈, ____________________________을(를) 생생하게

키울 것이다.

년　월　일　AM | PM　시　분　(　꿈의 장소　) 방문 달성 / 미달성

나는 이곳에서 ______________________________ 을(를) 상상한다, 강렬하게!

(　꿈의 장소　), 이곳에서 나는 나의 꿈 ____________________ 을(를) 이루었다!

나는 최고다!

나는 꿈의 장소에서 생생하게 상상한다

년   월   일   AM | PM   시   분

꿈의 장소 :

방문 목표 기한 :   년   월   일까지

(꿈의 장소   ), 그곳을 방문해서 나는 꿈을 꿀 것이다.

나는 (꿈의 장소   )에서 나의 꿈, ______________________________을(를) 생생하게

키울 것이다.

년   월   일   AM | PM   시   분   (꿈의 장소   ) 방문 달성 / 미달성

나는 이곳에서 ______________________________ 을(를) 상상한다, 강렬하게!

(꿈의 장소   ), 이곳에서 나는 나의 꿈 ____________________ 을(를) 이루었다!

나는 최고다!

나는 꿈의 장소에서 생생하게 상상한다

       년   월   일   AM | PM   시   분

꿈의 장소 :

방문 목표 기한 :   년   월   일까지

(꿈의 장소   ), 그곳을 방문해서 나는 꿈을 꿀 것이다.

나는 (꿈의 장소   )에서 나의 꿈, ____________________________을(를) 생생하게

키울 것이다.

       년   월   일   AM | PM   시   분   (꿈의 장소   )방문 달성 / 미달성

나는 이곳에서 ____________________________ 을(를) 상상한다, 강렬하게!

(꿈의 장소   ), 이곳에서 나는 나의 꿈 ____________________ 을(를) 이루었다!

나는 최고다!

나는 꿈의 장소에서 생생하게 상상한다

　　　년　월　일　AM | PM　시　분

꿈의 장소 :

방문 목표 기한 : 　　　년　　월　　일까지

(　꿈의 장소　), 그곳을 방문해서 나는 꿈을 꿀 것이다.

나는 (　꿈의 장소　)에서 나의 꿈, ______________________________을(를) 생생하게

키울 것이다.

　　　년　월　일　AM | PM　시　분　(　꿈의 장소　) 방문 달성 / 미달성

나는 이곳에서 _______________________________ 을(를) 상상한다, 강렬하게!

(　꿈의 장소　), 이곳에서 나는 나의 꿈 ____________________ 을(를) 이루었다!

나는 최고다!

나는 꿈의 장소에서 생생하게 상상한다

년   월   일   AM | PM   시   분

꿈의 장소 :

방문 목표 기한 :   년   월   일까지

(꿈의 장소   ), 그곳을 방문해서 나는 꿈을 꿀 것이다.

나는 (꿈의 장소   )에서 나의 꿈, ____________________________ 을(를) 생생하게

키울 것이다.

년   월   일   AM | PM   시   분   (꿈의 장소   ) 방문 달성 / 미달성

나는 이곳에서 ____________________________ 을(를) 상상한다, 강렬하게!

(꿈의 장소   ), 이곳에서 나는 나의 꿈 ____________________ 을(를) 이루었다!

나는 최고다!

TOUR

죽기 전에 꼭 가봐야 할 곳 BEST 10

장소 :

이유 :

방문 목표 기한 :　년　월　일까지

장소 :

이유 :

방문 목표 기한 :　년　월　일까지

장소 :

이유 :

방문 목표 기한 :　년　월　일까지

장소 :

이유 :

방문 목표 기한 :　년　월　일까지

장소 :

이유 :

방문 목표 기한 :　　년　　월　　일까지

장소 :

이유 :

방문 목표 기한 :　　년　　월　　일까지

장소 :

이유 :

방문 목표 기한 :　　년　　월　　일까지

장소 :

이유 :

방문 목표 기한 :　　년　　월　　일까지

장소 :

이유 :

방문 목표 기한 :　　년　　월　　일까지

장소 :

이유 :

방문 목표 기한 :　　년　　월　　일까지

3rd 꿈을 현실로 끌어오는 방법

소리 VD 기법

소리 VD 기법은 소리 내어 꿈을 말함으로써,
확신의 힘을 얻는 것입니다.
그 구체적인 방법은 다음과 같습니다.

---

1. 소망이 이루어진 모습을 생생하게 꿈꿉니다.

2. 꿈꾼 내용을 말로 표현합니다. 꿈이 이루어진 모습을 실제로 보고 있는 것처럼 상세하게 표현합니다. 만일 이 능력이 부족하다면 미리 DREAM PLANNER에 적어두고 큰 소리로 읽습니다.

3. 말의 여운이 가시기 전에 다시 한 번 생생하게 꿈을 꿉니다.

4. 매일 30분 이상 앞의 과정을 반복합니다. 혼자만의 공간에서 해도 무방하나 꿈을 이루고 싶은 장소에 가서 하면 더 효과적입니다.

R=VD로 꿈을 이룬 롤 모델

사업가 황희철 씨는 자신의 VD를 믿었습니다. 신기하게도 마음먹은 순간부터 꿈꾸던 미래가 자신 앞으로 다가온 듯했습니다.

그는 감사기도로 VD를 시작합니다. 그 다음, 앞으로 이루고자 하는 꿈들을 수첩에 써두고 큰소리로 읽습니다. 온 가족이 들을 수 있게 '소리 VD'를 하는 것입니다. 그러고는 진실한 모습으로 오늘을 살아가게 해달라는 기도로 'VD 의식'을 마무리합니다.

실패에 실패를 거듭했던 그는 VD를 통해 결국 재기에 성공했고, 2009년 'LS금융 콘설팅' 대표직 자리에 올라섰습니다.

성공할 것이라고 진심으로 느끼고 확신한다면, 시간이 날 때마다 말하세요. 나는 성공할 것이라고! 말에는 꿈을 이루어주는 힘이 있습니다.

나는 소리로 생생하게 상상한다

년   월   일   AM | PM   시   분

▶ 나의 소망은 ____ 이다.

▶ 나는 지금 생생하게 상상한다.

▶ 나는 반드시 (　언제　)(　어디서　)(　무엇을　)(　어떻게　) 이룰 것이다.

▶ 나는 다시 생생하게 상상한다.

▶ 나의 소망은 이루어진다!

▶ 나는 ____ 을(를) 이루었다!

나는 소리로 생생하게 상상한다

년   월   일   AM | PM   시   분

▶ 나의 소망은 ___________________________________ 이다.

▶ 나는 지금 생생하게 상상한다.

▶ 나는 반드시 (언제   ) (어디서   ) (무엇을   ) (어떻게   ) 이룰 것이다.

▶ 나는 다시 생생하게 상상한다.

▶ 나의 소망은 이루어진다!

▶ 나는 ___________________________________ 을(를) 이루었다!

나는 소리로 생생하게 상상한다

년   월   일   AM | PM   시   분

나의 소망은 ____ 이다.

나는 지금 생생하게 상상한다.

나는 반드시 (언제)(어디서)(무엇을)(어떻게) **이룰 것이다.**

나는 다시 생생하게 상상한다.

나의 소망은 이루어진다!

나는 ____ 을(를) 이루었다!

나는 소리로 생생하게 상상한다

년   월   일   AM | PM   시   분

▶ 나의 소망은 ____ 이다.

▶ 나는 지금 생생하게 상상한다.

▶ 나는 반드시 (　언제　)(　어디서　)(　무엇을　)(　어떻게　) **이룰 것이다.**

▶ 나는 다시 생생하게 상상한다.

▶ 나의 소망은 이루어진다!

▶ 나는 ____ 을(를) 이루었다!

나는 소리로 생생하게 상상한다

년   월   일   AM | PM   시   분

▶ 나의 소망은 ____ 이다.

▶ 나는 지금 생생하게 상상한다.

▶ 나는 반드시 (언제)(어디서)(무엇을)(어떻게) **이룰 것이다.**

▶ 나는 다시 생생하게 상상한다.

▶ 나의 소망은 이루어진다!

▶ 나는 ____ 을(를) 이루었다!

오늘의 실천 모니터링 달성 / 미달성

나는 소리로 생생하게 상상한다

년   월   일   AM | PM   시   분

▶ 나의 소망은 ______________________________________ 이다.

▶ 나는 지금 생생하게 상상한다.

▶ 나는 반드시 (언제   )(어디서   )(무엇을   )(어떻게   ) **이룰 것이다.**

▶ 나는 다시 생생하게 상상한다.

▶ 나의 소망은 이루어진다!

▶ 나는 ______________________________________ 을(를) 이루었다!

나는 소리로 생생하게 상상한다

년   월   일   AM | PM   시   분

나의 소망은 ____ 이다.

나는 지금 생생하게 상상한다.

나는 반드시 (언제)(어디서)(무엇을)(어떻게) **이룰 것이다.**

나는 다시 생생하게 상상한다.

나의 소망은 이루어진다!

나는 ____ 을(를) 이루었다!

오늘의 실천 모니터링 달성 / 미달성

나는 소리로 생생하게 상상한다

년   월   일   AM ｜ PM   시   분

나의 소망은 ____ 이다.

나는 지금 생생하게 상상한다.

나는 반드시 (언제   )(어디서   )(무엇을   )(어떻게   ) 이룰 것이다.

나는 다시 생생하게 상상한다.

나의 소망은 이루어진다!

나는 ____ 을(를) 이루었다!

나는 소리로 생생하게 상상한다

년　월　일　AM | PM　시　분

나의 소망은 ＿＿＿＿＿＿＿＿＿＿＿＿＿＿＿＿＿＿＿＿＿＿＿ 이다.

나는 지금 생생하게 상상한다.

나는 반드시 (언제) (어디서) (무엇을) (어떻게) 이룰 것이다.

나는 다시 생생하게 상상한다.

나의 소망은 이루어진다!

나는 ＿＿＿＿＿＿＿＿＿＿＿＿＿＿＿＿＿＿＿＿＿＿＿ 을(를) 이루었다!

나는 소리로 생생하게 상상한다

년   월   일   AM | PM   시   분

▷ 나의 소망은 ____ 이다.

▷ 나는 지금 생생하게 상상한다.

▷ 나는 반드시 (언제)(어디서)(무엇을)(어떻게) **이룰 것이다.**

▷ 나는 다시 생생하게 상상한다.

▷ 나의 소망은 이루어진다!

▷ 나는 ____ 을(를) 이루었다!

Bravo, My life!

내 인생 아우트라인

(　)살 :

1년 후 나의 인생 :

(　)살 :

5년 후 나의 인생 :

(　)살 :

10년 후 나의 인생 :

(　)살 :

20년 후 나의 인생 :

(　)살 :

30년 후 나의 인생 :

(　)살 :

40년 후 나의 인생 :

(　)살 :

50년 후 나의 인생 :

(　)살 :

60년 후 나의 인생 :

(　)살 :

80년 후 나의 인생 :

4th 꿈을 현실로 끌어오는 방법

글 VD 기법

소망이 이루어진 모습을 생생하게 꿈꾸며 글로 적으면
이루어진다는 이야기는 익히 알려진 R=VD 기법 중 하나입니다.
글 VD 기법의 구체적인 방법은 다음과 같습니다.

1. 이 DREAM PLANNER를 적극적으로 활용합니다.

2. 간절한 마음으로 꿈을 적습니다. 꿈은 많이 적을수록 좋습니다. 이루고 싶은 꿈을 모두 적으세요. 과감하게 적으세요.

3. 매일 꾸준히 반복적으로 적으세요. 메모한 내용을 최소한 하루 한 번 읽으면서, 꿈이 이루어진 모습을 생생하게 그리세요. 오감을 동원해서 생생하게 느껴야 합니다. 잊지 마세요. 꿈이 이루어지는 속도는 당신이 느끼는 생생함에 비례합니다.

R=VD로 꿈을 이룬 롤 모델

'나는 신문에 만화를 연재하는 유명한 만화가가 될 것이다.'

만화가를 꿈꾸었지만 공장에 취직하게 된 스콧 애덤스는 자신의 꿈이 이루어진 모습을 생생하게 그리면서 매일 15번씩 종이에 위와 같이 적었습니다. 마침내 신문에 만화를 연재하는 꿈이 이루어지자 이번에는 매일 15번씩 '나는 세계 최고의 만화가가 되겠다' 라고 적었습니다.

현재 그의 만화는 전 세계 2천 종의 신문에 연재되고 있습니다. 그는 지금도 매일 15번씩 종이에 이렇게 적고 있다고 합니다.

'나는 퓰리처상을 받을 것이다.'

꿈을 적은 내용이 반드시 이루어지리라는 것을 진심으로 믿으세요. 그러면 글로 적은 꿈은 현실이 됩니다.

년   월   일   AM | PM   시   분

나의 꿈	꿈을 이루기 위한 실천 사항
1.	
2.	
3.	
4.	
5.	
6.	
7.	
8.	
9.	
10.	

오늘의 실천 모니터링 달성 / 미달성

나는 글로 생생하게 상상한다

년　월　일　AM | PM　시　분

나의 꿈	꿈을 이루기 위한 실천 사항
1.	
2.	
3.	
4.	
5.	
6.	
7.	
8.	
9.	
10.	

오늘의 실천 모니터링 달성 / 미달성

나는 글로 생생하게 상상한다

년　월　일　AM | PM　시　분

나의 꿈	꿈을 이루기 위한 실천 사항
1.	
2.	
3.	
4.	
5.	
6.	
7.	
8.	
9.	
10.	

오늘의 실천 모니터링　달성 / 미달성

나는 글로 생생하게 상상한다

년   월   일   AM | PM   시   분

나의 꿈	꿈을 이루기 위한 실천 사항
1.	
2.	
3.	
4.	
5.	
6.	
7.	
8.	
9.	
10.	

오늘의 실천 모니터링 달성 / 미달성

나는 글로 생생하게 상상한다

년   월   일   AM | PM   시   분

나의 꿈	꿈을 이루기 위한 실천 사항
1.	
2.	
3.	
4.	
5.	
6.	
7.	
8.	
9.	
10.	

오늘의 실천 모니터링 달성 / 미달성

나는 글로 생생하게 상상한다

년　월　일　AM | PM　시　분

나의 꿈	꿈을 이루기 위한 실천 사항
1.	
2.	
3.	
4.	
5.	
6.	
7.	
8.	
9.	
10.	

오늘의 실천 모니터링　달성 / 미달성

나는 글로 생생하게 상상한다

년   월   일   AM | PM   시   분

나의 꿈	꿈을 이루기 위한 실천 사항
1.	
2.	
3.	
4.	
5.	
6.	
7.	
8.	
9.	
10.	

오늘의 실천 모니터링 달성 / 미달성

나는 글로 생생하게 상상한다

년   월   일   AM | PM   시   분

나의 꿈	꿈을 이루기 위한 실천 사항
1.	
2.	
3.	
4.	
5.	
6.	
7.	
8.	
9.	
10.	

오늘의 실천 모니터링 달성 / 미달성

나는 글로 생생하게 상상한다

년   월   일   AM | PM   시   분

나의 꿈	꿈을 이루기 위한 실천 사항
1.	
2.	
3.	
4.	
5.	
6.	
7.	
8.	
9.	
10.	

오늘의 실천 모니터링 달성 / 미달성

나는 글로 생생하게 상상한다

년　월　일　AM | PM　시　분

나의 꿈	꿈을 이루기 위한 실천 사항
1.	
2.	
3.	
4.	
5.	
6.	
7.	
8.	
9.	
10.	

오늘의 실천 모니터링 달성 / 미달성

MY DREAM, BOOKS TO READ!

꿈을 이뤄줄 내 인생의 교과서 BEST 10

제목 :

분야 :

필독 이유 :

반드시 배워야 할 키포인트 :

제목 :

분야 :

필독 이유 :

반드시 배워야 할 키포인트 :

제목 :

분야 :

필독 이유 :

반드시 배워야 할 키포인트 :

제목 :

분야 :

필독 이유 :

반드시 배워야 할 키포인트 :

제목 :

분야 :

필독 이유 :

반드시 배워야 할 키포인트 :

제목 :

분야 :

필독 이유 :

반드시 배워야 할 키포인트 :

제목 :

분야 :

필독 이유 :

반드시 배워야 할 키포인트 :

제목 :

분야 :

필독 이유 :

반드시 배워야 할 키포인트 :

제목 :

분야 :

필독 이유 :

반드시 배워야 할 키포인트 :

제목 :

분야 :

필독 이유 :

반드시 배워야 할 키포인트 :

MY DREAM, SUCCESS!

나의 꿈 성장 Graph

생생하게 꿈을 꾸고 있나요?
VD를 통해 바르게 꿈꾸고 열정을 다한다면 꿈은
이루어집니다. 지금 나의 꿈은 몇 %에 도달했을까요?
꿈마다 색깔을 달리하며 체크하세요.

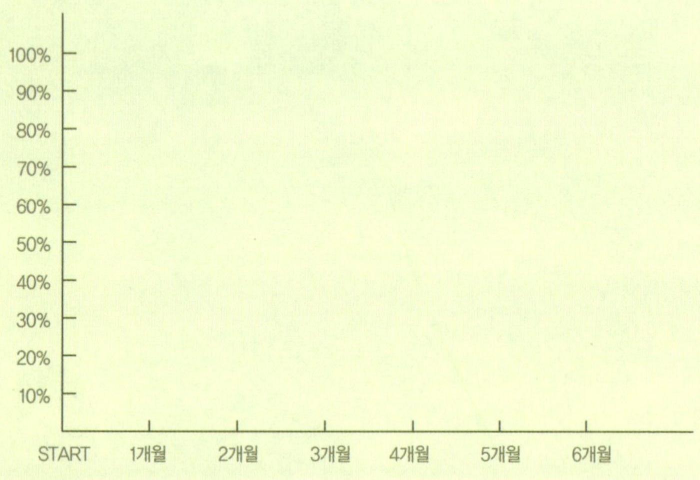

나의 꿈, ... 목표 달성!

나의 꿈, ... 진행 중!

나의 새로운 꿈은 .... 이다.

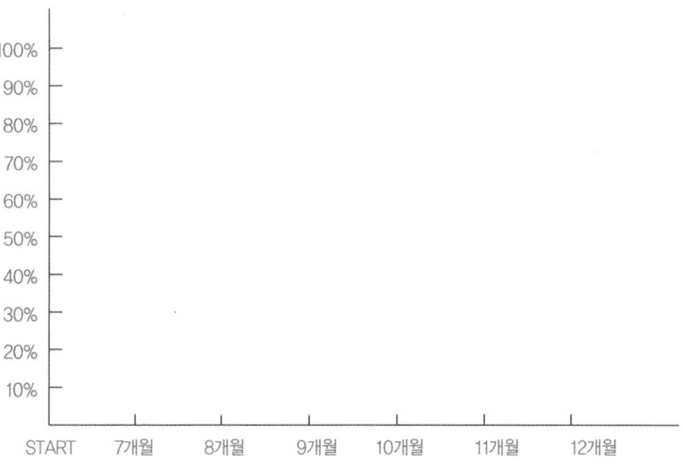

나의 꿈, ... 목표 달성!

나의 꿈, ... 진행 중!

나의 새로운 꿈은 .... 이다.

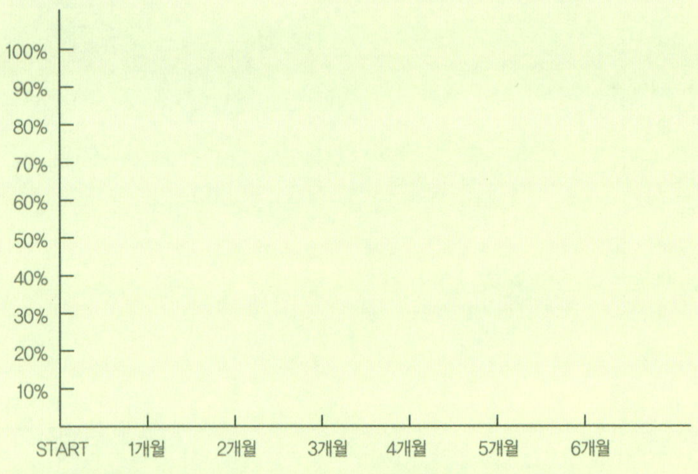

나의 꿈, ...목표 달성!

나의 꿈, ...진행 중!

나의 새로운 꿈은 ....이다.

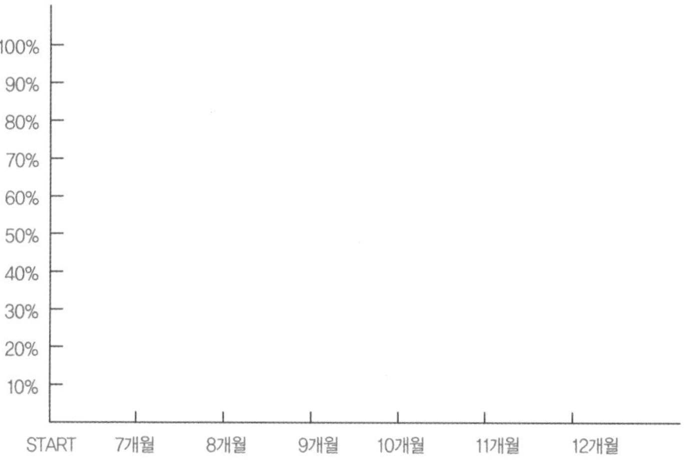

나의 꿈, ... 목표 달성!

나의 꿈, ... 진행 중!

나의 새로운 꿈은 .... 이다.

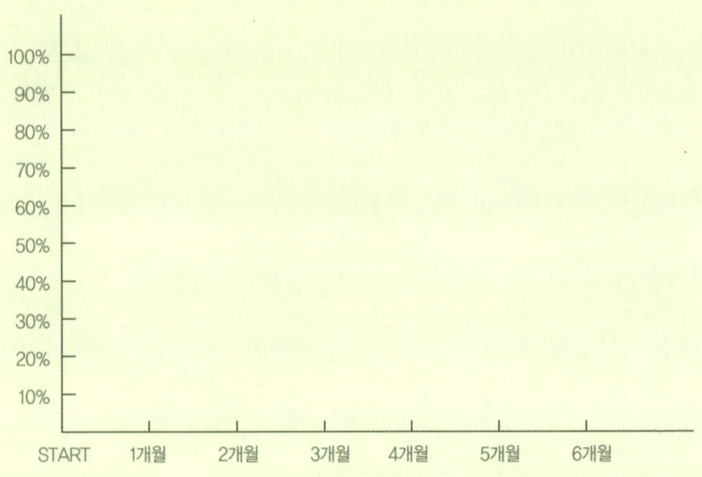

나의 꿈, ... 목표 달성!

나의 꿈, ... 진행 중!

나의 새로운 꿈은 .... 이다.

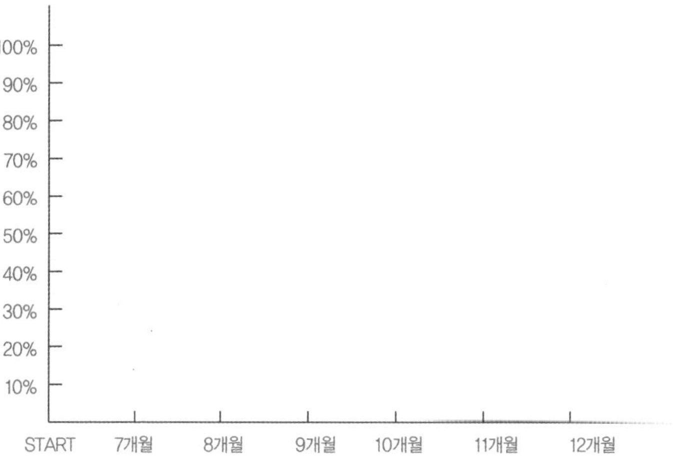

나의 꿈, ... 목표 달성!

나의 꿈, ... 진행 중!

나의 새로운 꿈은 .... 이다.

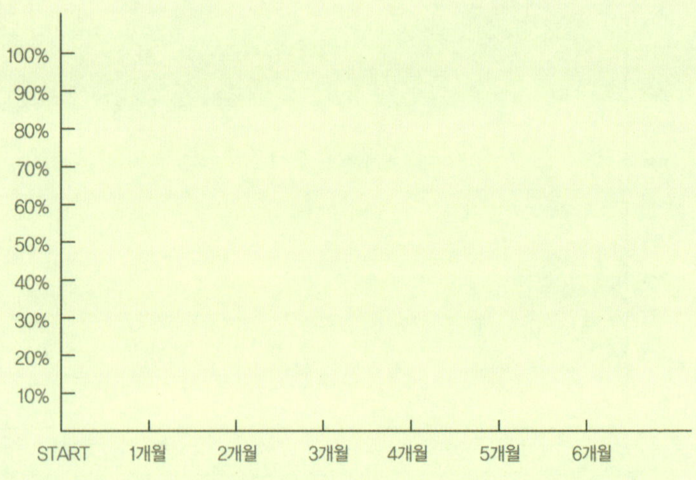

나의 꿈, ... 목표 달성!

나의 꿈, ... 진행 중!

나의 새로운 꿈은 .... 이다.

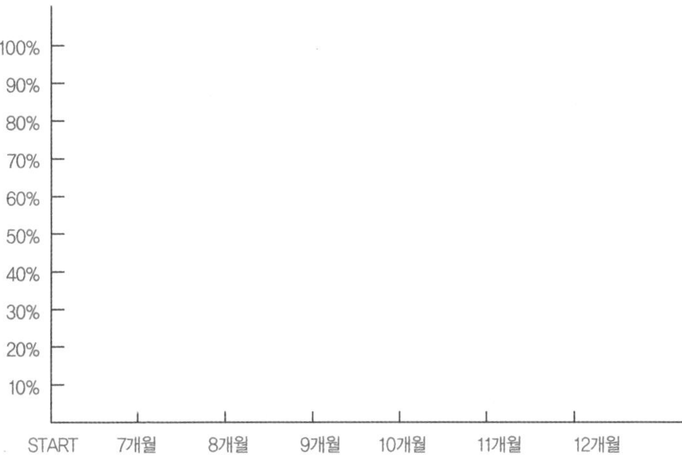

나의 꿈, ... 목표 달성!

나의 꿈, ... 진행 중!

나의 새로운 꿈은 .... 이다.

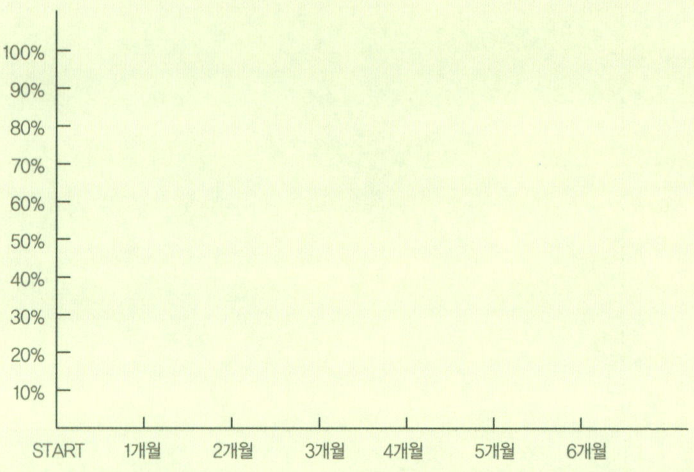

나의 꿈, ...목표 달성!

나의 꿈, ...진행 중!

나의 새로운 꿈은 ....이다.

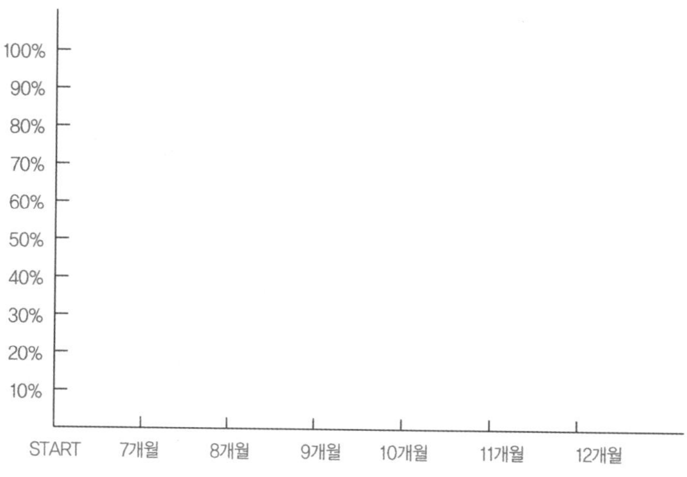

나의 꿈, ... 목표 달성!

나의 꿈, ... 진행 중!

나의 새로운 꿈은 .... 이다.

MY DREAM, TIME CAPSULE

나의 꿈, ____

________________________________ 을(를) 나는 이루었다!

나의 꿈, ____

________________________________ 을(를) 나는 아직 못 이루었다!

못 이룬 나의 꿈, ______________________________________

________________________________ 을(를) 나는 다시 생생하게 상상한다!

나의 꿈, ____

________________________________ (을)를 나는 반드시 이룰 것이다!

R=VD, 꿈은☆이루어진다!

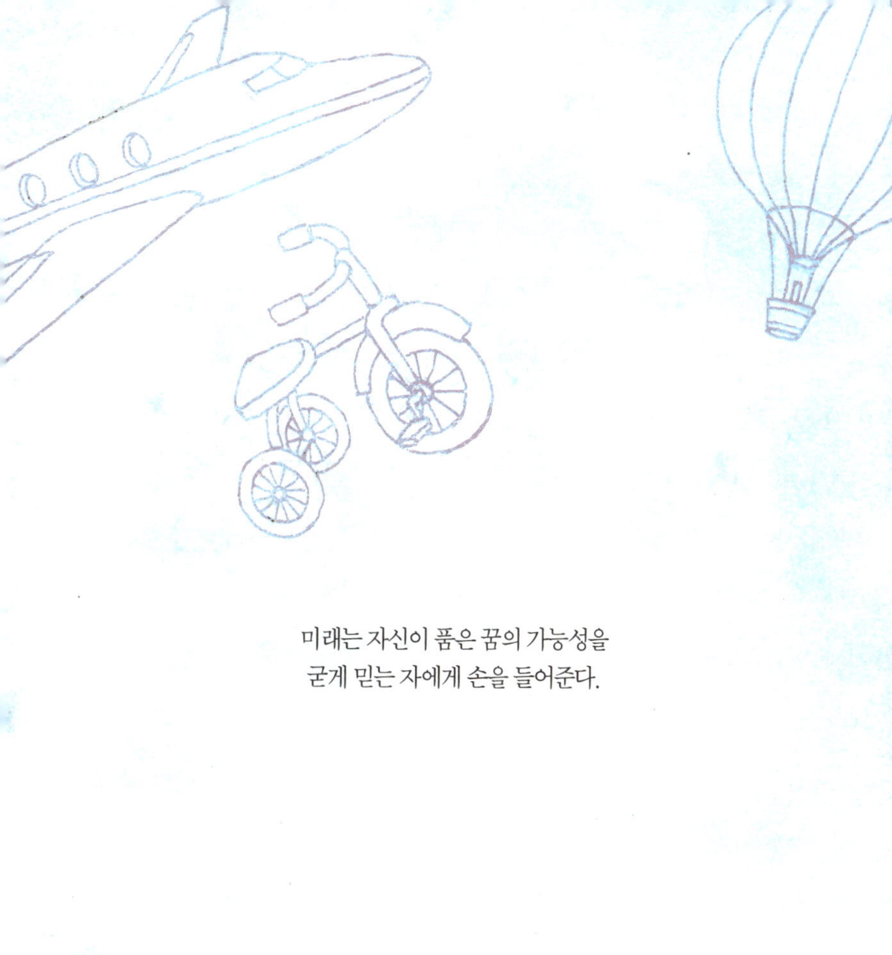

미래는 자신이 품은 꿈의 가능성을
굳게 믿는 자에게 손을 들어준다.

꿈꾸는 다락방 DREAM PLANNER

초판 1쇄 인쇄 · 2011년 5월 16일
초판 1쇄 발행 · 2011년 5월 25일

펴낸이 · 이종문
펴낸곳 · ㈜국일미디어

편집기획 · 주승연, 송훈의, 우윤정, 김동규, 이종민, 김선영, 문세라
영업마케팅 · 김종진, 김봉구, 이진석
디자인 · 이희욱, 김용미
웹마스터 · 이소정
관리 · 최옥희, 장은미
제작 · 유수경

등록 · 제406-2005-000025호
주소 · 경기도 파주시 교하읍 문발리 파주출판문화정보산업단지 507-9
영업부 · Tel 031)955-6050 l Fax 031)955-6051
편집부 · Tel 031)955-6070 l Fax 031)955-6071

평생전화번호 · 0502-237-9101~3

홈페이지 : www.ekugil.com(한글인터넷주소 · 국일미디어, 국일출판사)
E-mail : kugil@ekugil.com

ISBN 978-89-7425-570-1 (13320)

Name _______________________________

Birth Day _______________________________

B-Type _______________________________

Address _______________________________

Mobile _______________________________

E-mail _______________________________